AF234862

Impressum
Verlag: BABADADA GmbH, Nedderfeld 112 , 22529 Hamburg
Geschäftsführer / Verlagsleitung: Harald Hof
Druck: Books on Demand GmbH, In de Tarpen 42, 22848 Norderstedt

Imprint
Publisher: BABADADA GmbH, Nedderfeld 112 , 22529 Hamburg, Germany
Managing Director / Publishing direction: Harald Hof
Print: Books on Demand GmbH, In de Tarpen 42, 22848 Norderstedt

phaphosi borutelo
classroom

kgaoganya
divide

186/2

boroto
board

jarata ya sekolo
school yard

morutabana
teacher

pampiri
paper

kwala
write

pene
pen

tafole
desk

ruler
ruler

buka
book

baithuti
pupil

kgetsana ya dibuka

satchel

setsenya dipensele

pencil case

pensele

pencil

seseta pensele

pencil sharpener

sephimola

rubber

boto ya go torowa

drawing pad

torowa

drawing

boratšhe jwa pente

paintbrush

bokose ya pente

paint box

dikere

scissors

sekgomaretsi

glue

buka ya go kwalela

exercise book

tirogae

homework

palo

number

tlhakanya

add

kgaoganya

subtract

atisa

multiply

khalkhuleitara

calculate

lekwalo

letter

alfabete

alphabet

lefoko

word

sekolo - school

3

mafoko

text

bala

read

choko

chalk

thuto

lesson

rejistara

register

tlhatlhobo

examination

setifikeiti

certificate

diaparo tsa sekolo

school uniform

thuto

education

encyclopedia

encyclopedia

unibesithi

university

mikoroskoupo

microscope

mmepe

map

moteme wa dipampiri

waste-paper basket

hotele
hotel

hosetele
hostel

kantoro ya go fetola madi
currency exchange office

sutukeisi
suitcase

sejanaga
car

puo

language

ee / nnyaa

yes / no

Go siame

Okay

dumela

hello

moranodi

translator

Ke a leboga

Thank you

ke bokae…?

how much is…?

ga ke tlhaloganye

I don´t get it

bothata

problem

O itumelele bosigo!

Good evening!

Dumela!

Good morning!

Robala Sentle!

Good night!

tsamaya sentle

goodbye

tsela

direction

dithoto

luggage

kgetsi

bag

kgetsi

backpack

moeng

guest

phaposi

room

kgetsana ya go robalela

sleeping bag

mogope

tent

tshedimosetso ya mojanala

tourist information

lewatle

beach

karata ya go tsaya sekoloto

credit card

sefitlholo

breakfast

dijo tsa motshegare

lunch

dijo tsa maitsiboa

dinner

tekete

Ticket

lifiti

elevator

setempe

stamp

bodara

border

dingwao

customs

embassy

embassy

visa

visa

lokwalo itshupo

passport

sefofane
airplane

sekepe
ship

enjene ya molelo
fire truck

koloi
truck

bese
bus

koloi ya metsi
motorboat

sekuta
bike

sejanaga
car

feri

ferry

sekepe

boat

sethuthuthu

motorbike

sejanaga sa mapodisa

police car

sejanaga sa lobelo

racing car

sejanaga se se hirilweng

rental car

aroganya sejanaga

car sharing

koloi e e gogang dikoloi tse di robegileng

tow truck

koloi e e tsayang matlakala

garbage truck

koloi

engine

lookwane

fuel

seteišhene sa lookwane

fuel station

letshwao la pharakano

traffic sign

pharakano

traffic

pharakano

traffic jam

lefelo la go emisa koloi

parking lot

seteišhene sa terena

train station

mela

tracks

terena

train

tereme

tram

kolotsana

wagon

sefofane

helicopter

boemeladifofane

airport

tora

tower

mopalami

passenger

sekhafothini

container

bokoso

carton

karaki

cart

basekete

basket

go tsamaya / go fitlha

take off / land

toropo

city

motse

village

legare la teropo

city center

ntlo

house

baesekopo
movie theater

phasalatsa
advert

lebone la tsela
street light

CINEMA

tsela
street

thekisi
taxi

lebenkele
snack shop

motho yo tsamayang
pedestrian

bophaphatho jwa tsela
sidewalk

mela e e dirisiwang ke batho ba ba tsamayang ka maoto go kgabganya tsela
zebra crossing

a go tsenya matlakala

kgabaganya
crossing

mabone a go laola pharakano
traffic lights

ntlo e e ruletseng ka bojang

....

hut

sephara

....

apartment

seteišhene sa terena

....

train station

ntlolehalahala la toropo

....

city hall

museamo

....

museum

sekolo

....

school

unibesithi

university

banka

bank

sepetlele

hospital

hotele

hotel

lefelo la melemo

pharmacy

kantoro

office

lebenkele la dibuka

book shop

lebenkele

shop

batho ba ba rekisang malomo

flower shop

lebenkele

supermarket

maraka

market

lebenkele la diaparo

department store

fishmongers

fishmonger's shop

moago wa mabenkele a a mantsi

mall

boema dikepe

harbor

serapa

park

banka

bench

borogo

bridge

ditepisi

stairs

kwa tlase ga lefatshe

subway

kgogometso

tunnel

boemela bese

bus stop

bara

bar

lefelo la go jela

restaurant

lebokose la pose

postbox

letshwao la tsela

street sign

mitara wa go emisa koloi

parking meter

lefelo la go bonela
diphologolo

zoo

letlodi la go thuma

swimming pool

tempele ya mamoselema

mosque

polase

farm

kgotlelelo

pollution

mabitla

cemetery

kereke

church

lefelo la go tshamekela

playground

temple

temple

boago jwa lefelo

landscape

setlhatsana
leaf

matshwao
signpost

tsela
path

ditlhaga
meadow

letlapa
stone

motho yo o tsamayang mo thabeng
hiker

setlhare
tree

noka
river

bojang
grass

lelomo
flower

mokgatšha

valley

thatshana

hill

lekadiba

lake

sekgwa

forest

sekaka

desert

lekgwamolelo

volcano

khasele

castle

motshe wa badimo

rainbow

leboa

mushroom

mokolana

palm tree

montsane

mosquito

tshenekegi

fly

tshoswane

ant

notshi

bee

segokgo

spider

khukhwana

beetle

segwagwa

frog

mosha

squirrel

noko

hedgehog

mmutla

hare

morubisi

owl

nonyane

bird

pidipidi

swan

dikolobe tsa naga

boar

kgokong

deer

moose

moose

letamo

dam

sefetlhaphefo

wind turbine

motlakase o o dirilweng ka letsatsi

solar panel

loapi

climate

weitara
waiter

lenaane la dijo
menu

setulo
chair

sopo
soup

pizza
pizza

dintsho
cutlery

fatuku ya tafole
tablecloth

sejo sa ntlha
starter

sejo sa bobedi
main course

dijo tse di naleng sukiri
dessert

dino
drinks

dijo
food

botlolo
bottle

dijo tsa mo strateng

fast food

dijo tsa seterata

street food

ketlele ya tee

teapot

sejana sa go tsenya sukiri

sugar bowl

karolo

portion

motšhini wa espresso

espresso machine

setulo se se kwa godimo

high chair

tshupamolato

bill

terei

tray

thipa

knife

forotlho

fork

liso

spoon

leswana

teaspoon

lesela la go iphimola

serviette

galase

glass

poleiti

plate

poleiti ya sopo

soup plate

sosara

saucer

sopo

sauce

sejana sa letswai

salt shaker

sesila pepere

pepper mill

aseini

vinegar

oli

oil

ditswaiso

spices

tamati souso

ketchup

masetete

mustard

mayonaese

mayonnaise

sesolo se se kgethegileng
special offer

moreki
customer

dilwana tsa mašwi
dairy products

leungo
fruit

teroli
shopping cart

FOR

batho ba ba segang nama

butcher's shop

babaki

bakery

boima

weigh

merogo

vegetables

nama

meat

dijo tse di aesitsweng

frozen food

nama e e sa tlhokeng go apewa

cold cuts

dijo tsa thini

canned food

molora o o tlhatswang

detergent

dimonamone

candy

dilwana tsa ntlo

household products

dilwana tsa go phepafatsa

cleaning products

morekisi

sales representative

motšhini wa madi

cash register

morekisi

cashier

lennane la go reka

shopping list

diura tsa go bula

opening hours

sepatšhe

wallet

karata ya go tsaya sekoloto

credit card

kgetsi

bag

kgetsi ya polasetiki

plastic bag

metsi

water

jusi

juice

mašwi

milk

khouku

coke

beine

wine

biri

beer

bojalwa

alcohol

khoukhou

cocoa

tee

tea

kofi

coffee

esepereso

espresso

cappuccino

cappuccino

panana

banana

apole

apple

namune

orange

legapu

melon

surunamune

lemon

segwete

carrot

konofole

garlic

lotlhaka lwa bampuse

bamboo

eie

onion

mabowa

mushroom

manoko

nuts

di-noodles

noodles

sepagethi

spaghetti

raese

rice

salate

salad

ditšhipisi

fries

ditapole tse di gadikilweng

fried potatoes

pizza

pizza

hamburger

hamburger

borotho jo bo tlapisitsweng

sandwich

nama e e gadikilweng

escalope

nama ya kolobe

ham

salami

salami

boroso

sausage

koko

chicken

gadika

roast

tlhapi

fish

bogobe jwa outse

porridge oats

muesli

muesli

cornflakes

cornflakes

bupi

flour

croissante

croissant

banse

bread roll

borotho

bread

borotho jo bo besitsweng

toast

bisikiti

cookies

botoro

butter

tšhisi

curd

kuku

cake

lee

egg

lee le le gadikilweng

fried egg

kase

cheese

aesekirimi

ice cream

sukiri

sugar

mamepe a dinotshe

honey

jeme

jelly

chokolete e e tshasiwang

nougat cream

khari

curry

ntlo ya polase
farm house

bale ya lotlhaka
straw bale

polokelo
barn

lebala
field

pitsi
horse

leteroko
trailer

petsana
foal

terekere
tractor

esele
donkey

konyana
lamb

nku
sheep

pudi

goat

kgomo

cow

namane

calf

kolobe

pig

kolojane

piglet

poo

bull

ganse

goose

pidipidi

duck

kokwanyana

chick

mokoko

hen

mokoko

cockerel

peba

rat

katse

cat

peba

mouse

kgomo

ox

ntša

dog

ntlo ya ntša

dog house

lethompo la tshingwana

garden hose

tanka ya go nosetsa

watering can

disekele tsa tshipi

scythe

lema

plow

disekele

sickle

setlhagola

hoe

foroko ya go peta

pitchfork

selepe

axe

kiribae

pushcart

bonwelo

trough

mašwi a a moteng ga moteme

milk can

kgetsana

sack

legora

fence

tsepame

stable

lefelo la go godisa dijalo

greenhouse

mmu

soil

peo

seed

menyoro

fertilizer

thobo e e kopaneng

combine harvester

thobo

harvest

thobo

harvest

di-yam

yams

korong

wheat

soya

soya

tapole

potato

korong

corn

disonobolomo

rapeseed

setlhare sa maungo

fruit tree

cassava

manioc

dijo tsa phakela

grain

sentshamosi
chimney

marulelo
roof

peipe ya deraine
downspout

letlhabaphefo
window

karaje
garage

bele ya setswalo
doorbell

lebati
door

motene wa matlakala
trash can

lebokose la dikwalo
mailbox

tshingwana
garden

phaposi ya bodulo

living room

phaposi ya go tlhapela

bathroom

boapeelo

kitchen

phaposi ya borobalo

bedroom

phaposi ya bana

kids room

phaposi ya bojelo

dining room

mo fatshe

floor

lebota

wall

siling

ceiling

mabolokelo

cellar

se futhumatsa mmele

sauna

mokatako

balcony

mokgekolosa

terrace

makadiba

pool

sedirisiwa sa go sega bojang

lawn mower

lakane

sheet

kobo

bedspread

bolao

bed

lefielo

broom

kgamelo

bucket

switch

switch

pampiri e e kgabisng lebota
wallpaper

setshwantsho
picture

lobone
lamp

raka
shelf

raka
cabinet

iso
fireplace

thelebishene
television

lelomo
flower

mosamo
cushion

setsenya malomo
vase

soufa
sofa

selaola thelebishene o le kgakala le yone
remote control

mmetshe

carpet

garetene

drape

tafole

table

setulo

chair

setulo se se binang

rocking chair

setulo se se naleng boikego

armchair

buka

book

kobo

blanket

mokgabiso

decoration

dikgong tsa molelo

firewood

filimi

film

hi-fi ya go letsa

stereo system

selotlolo

key

lokwalodikgang

newspaper

setshwantsho se se dirilweng ka pente

painting

pampiri ya go phasalatsa

poster

seyalemowa

radio

buka ya dintla

notebook

huvara

vacuum cleaner

motoroko

cactus

kerese

candle

setsidifatsi
fridge

ovene ya go futhumatsa dijo
microwave oven

sekale sa boapeelo
kitchen scales

tostara
toaster

sephepafatsi
laundry detergent

setsidifatsi
freezer

ovene
stove

motene wa matlakala
trash can

motšhini wa go tlhatswa dikotlele
dishwasher

moapei
cooker

pitsa
pot

pitsa ya tshipi
cast-iron pot

wok / kadai
wok / kadai

pane
pan

ketlele
kettle

sefuthumatsi

steamer

terei ya go baka

baking tray

dintsho

crockery

kopi

mug

sejana

bowl

thobane ya go rema

chopsticks

thoka

ladle

sepatšhula

spatula

wiskara

whisk

setereinara

strainer

setlhotlhi

sieve

greitara

grater

kika

mortar

nama ya kgomo

barbecue

molelo o o mopepeneng

fireplace

boroto ya go segela

chopping board

rolara

rolling pin

sebula dibotlolo tsa beine

corkscrew

moteme

can

sebula moteme

can opener

setshwari sa pitsa

oven cloth

sinki

sink

boratšhe

brush

sepontšhe

sponge

setlhakanya dijo / maungo

blender

setsidifatsi

deep freezer

botlole ya ngwana

baby bottle

tepe

tap

shawara
shower

thutafatsa
heating

toulo
towel

garetene ya shawara
shower curtain

setshelo sa go dira dibabole mo bateng
bubble bath

bata
bathtub

galase
glass

setlhatswa diaparo
washing machine

tepe
tap

dithaele
tiles

poti
potty

sinki
sink

ntlwana	ntlwana ya go kotama	bidete
toilet	squat toilet	bidet
moroto	pampiri ya boithomelo	boratšhe jwa ntlwana
urinal	toilet paper	toilet brush

boratšhe jwa meno

toothbrush

sesepa sa meno

toothpaste

tlhale ya go phepafatsa meno

dental floss

tlhatswa

wash

shawara ya go itshwarela

hand shower

senkgisa monate

douche

beisini

basin

boratšhe jwa mokwatla

back brush

sesepa

soap

jele ya shawara

shower gel

setlhapisa moriri

shampoo

folanele

flannel

mosele

drain

setlolo

creme

senkgamonate

deodorant

seipone

mirror

seipone sa go itshwarela

hand mirror

legare

razor

foumu ya go ntsha moriri

shaving foam

foumu ya fa o fetsa go ntsha moriri

aftershave

kama

comb

boratšhe

brush

seomisa moriri

hair-dryer

seporei sa moriri

hairspray

seitlole sa sefatlhego

makeup

setlolo sa molomo

lipstick

pente ya dinala

nail varnish

boboa

cotton wool

sekere sa dinala

nail scissors

leokwane le le nkgang monate

perfume

kgetsana ya go tlhatswa

washbag

setulo

stool

sekale sa go lekanya

weighing scales

seaparo sa botlhapelo

bathrobe

ditlelafo tsa rekere

rubber gloves

tempone

tampon

sedirisiwa sa basadi ba ba
mo kgweding

sanitary towel

ntlwana ya khemikhale

chemical toilet

tshupanako ya alamo
alarm clock

mpopi wa go tlamparela
cuddly toy

koloi e e tshamekang
toy car

setšhakgatšhakga
rattle

ntlo ya dipompi
doll's house

poresente
present

baluni

balloon

bolao

bed

porema

stroller

deck of cards

deck of cards

saga ya motlakase

jigsaw

buka ya ditshegisi

comic

matlapa a go tshameka

lego bricks

diboloko tse di tshamekang

toy blocks

setshwantsho sa motho

action figure

seaparo sa lesea

romper suit

Frisbee

frisbee

selo sa go letsa mmino mo ditsebeng

mobile

motshameko wa boroto

board game

daese

dice

terena

model train set

tami

pacifier

moletlo

party

buka ya ditshwantsho

picture book

bolo

ball

mpopi

doll

tshameka

play

lebala le le naleng santa
sandpit

moswinki
swing

ditshamekisi tsa bana
toys

motshameko wa dibidio
video game console

baesekele ya maotwana a a mararo
tricycle

bera e e diretsweng go tshamekisa bana
teddy bear

raka ya go baya diaparo
wardrobe

seaparo
clothing

dikausu
socks

dikausu tsa basadi
stockings

dithaetse
tights

sekhafo
scarf

lebante
belt

sekhukhu
umbrella

sekipa
t-shirt

dibutshi
boots

disilipara
slippers

diteki
sneakers

dimphatšhane
....
sandals

ditlhako
....
shoes

dibutshi tsa rekere
....
rubber boots

borukgwe jwa kwateng
....
underwear

boraa
....
bra

besete
....
undershirt

mmele

body

borukgwe

pants

bokate

jeans

sekete

skirt

bolaose

blouse

hempe

shirt

jeresi e e senang matsogo

pullover

jakete e e enaleng hutshe

sweater

boleisara

blazer

jakete

jacket

jase

coat

jase ya pula

raincoat

khosetjhumo

costume

mosese

dress

mosese wa lenyalo

wedding dress

sutu

suit

seaparo sa bosigo

nightgown

diaparo tsa go robala

pajamas

sari

sari

sekhafa sa tlhogo

headscarf

turban

turban

burqa

burka

kaftan

kaftan

abaya

abaya

seaparo sa go thuma

swimsuit

diteranka

trunks

borukgwe jo bo khutshwane

shorts

terekesutu

tracksuit

seaparo sa go phephafatsa

apron

ditlelafo

gloves

talama

button

diborele

glasses

sebaga

bracelet

sebaga sa mo thamong

necklace

palamonwana

ring

lengena

earring

kepisi

cap

sepega baki

coat hanger

hutshe

hat

tae

tie

zepe

zip

hutshe ya sethuthuthu

helmet

ditrata tsa meno

braces

diaparo tsa sekolo

school uniform

diaparo tsa mmereko /
diaparo tsa sekolo

uniform

bebe
bib

tami
pacifier

mongato
diaper

kantoro
office

server
server

lekase la difaele
filing cabinet

segatisi
printer

pampiri
paper

monithara
monitor

tafole
desk

maose
mouse

fouldara
folder

khiboto
keyboard

moteme wa dipampiri
waste-paper basket

setulo
chair

khomputara
computer

kopi
coffee mug

khalkhuleitara
calculator

inthanete
internet

lapothopo

laptop

lekwalo

letter

molaetsa

message

mogala wa letheka

cell phone

kgolagano ya megala

network

segatisa dipampiri

photocopier

software

software

mogala

telephone

sokete ya polaka

plug socket

motšhini wa fekese

fax machine

foromo

form

setlankana

document

reka

buy

patela

pay

rekisa

trade

madi / tšhelete

money

dolara

dollar

euro

euro

yen

yen

roubele

rouble

swiss franc

Swiss franc

renminbi yuan

renminbi yuan

rupee

rupee

lefelo la madi

cash point

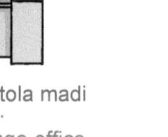

kantoro ya go fetola madi

currency exchange office

gauta

gold

selefera

silver

oli

oil

maatla

energy

tlhwatlhwa

price

konteraka

contract

lekgetho

tax

setoko

stock

dira

work

mothapiwa

employee

mothapi

employer

bodirelo

factory

lebenkele

shop

lepodisi
police officer

motimamolelo
fireman

moapei
cook

ngaka
doctor

mokgweetsi wa sefofane
pilot

ratshingwana

gardener

mmetli wa dikgong

carpenter

moroki

seamstress

moatlhodi

judge

moitse wa melemo

chemist

modiragatsi

actor

mokgweetsi wa bese

bus driver

mokgweetsi wa tekisi

taxi driver

motshwari wa ditlhapi

fisherman

Mme yo o phepafatsang

cleaning lady

moruledi

roofer

weitara

waiter

motsumi

hunter

motaki

painter

mmesi wa senkgwe

baker

ramotlakase

electrician

moagi

builder

moenjenere

engineer

mosegi wa nama

butcher

motsenyi wa diphaepe tsa metsi

plumber

motsamaisa poso

postman

leshole

soldier

modiri wa dipolane

architect

morekisi

cashier

morekisi wa malomo

florist

mokgabisamoriri

hairdresser

kondactara

conductor

mokheneke

mechanic

mokapeteine

captain

ngaka ya meno

dentist

Rasaense

scientist

moruti

rabbi

imam

imam

moitlami

monk

moruti

pastor

hamore
hammer

tang
pliers

sekurufu deraevara
screwdriver

sepanere
wrench

lobone
torch

moepi

excavator

bokoso ya didirisiwa

toolbox

lere

ladder

saga

saw

dipekere

nails

sebori

drill

baakanya

repair

garawe

shovel

ijaa!

Damn!

seolela matlakala

dustpan

pitsa ya pente

paint can

sekurufu

screws

didirisiwa tsa mmino

musical instruments

meropa
drum set

sepikara se se goelang ko godimo
loud speaker

katara
guitar

base e e gabedi
double bass

terompeta
trumpet

piano

piano

bayolini

violin

base

bass

timpane

timpani

meropa

drums

khiboto

keyboard

sekesofone

saxophone

phala

flute

sebuela godimo

microphone

botseno
entrance

lengau
tiger

kheitšhe
cage

pitse ya naga
zebra

dijo tsa diphologolo
animal feed

panda
panda

diphologolo

animals

tlou

elephant

dikhankaruu

kangaroo

tshukudu

rhino

tshweni

gorilla

bera

bear

kamela

camel

kalakune

ostrich

tau

lion

tshwene

monkey

flamingo

flamingo

papalagae

parrot

bera e e dulang ko lefelong
le le tsididi thata

polar bear

nonyane tsa lewatle

penguin

leruarua

shark

phikoko

peacock

noga

snake

kwena

crocodile

motlhokomedi wa
diphologolo

zookeeper

sili

seal

katse

jaguar

petsana

pony

lengau

leopard

tshukudu

hippo

thutlwa

giraffe

ntsu

eagle

dikolobe tsa naga

boar

tlhapi

fish

khudu

turtle

walrus

walrus

ntja ya naga

fox

tshephe

gazelle

metshameko
sports

kgwele ya dinao ya Amerika
American football

motshameko wa baesekele
cycling

tenese
tennis

baseketebolo
basketball

thuma
swimming

motshameko wa go lwa ka diatla
boxing

hockey ya mo aeseng
ice hockey

kgwele ya dinao

soccer

badminthone

badminton

atletiki

athletics

kgwele ya diatla

handball

skiing

skiing

polo

polo

tshega
laugh

tlola
jump

tlamparela
hug

tsamaya
walk

opela
sing

lora
dream

rapela
pray

atla
kiss

kwala

write

torowa

draw

bontsha

show

kgorometsa

push

naya

give

tsaya

take

go nna

have

dira

do

nna

be

ema

stand

taboga

run

goga

pull

latlha

throw

wa

fall

maaka

lie

ema

wait

tsholetsa

carry

dula

sit

apara

get dressed

robala

sleep

tsoga

wake up

leba

look at

lela

cry

thuma ka lemorago

stroke

kama

comb

bua

talk

tlhaloganya

understand

botsa

ask

reetsa

listen

nwa

drink

ja

eat

phepafatsa

tidy up

lorato

love

apaya

cook

kgweetsa

drive

fofa

fly

seila

sail

khalkhuleitara

calculate

bala

read

ithute

learn

dira

work

nyala

marry

roka

sew

tlhapa meno

brush teeth

bolaya

kill

tsuba

smoke

romela

send

mmemogolo
grandmother

rremogolo
grandfather

rre
father

mme
mother

ngwana
baby

morwadi
daughter

morwa
son

moeng

guest

mmangwane

aunt

malome

uncle

abuti

brother

ausi

sister

mmele
body

phatlha
forehead

leitlho
eye

legetla
shoulder

monwana
finger

sefatlhego
face

seledu
chin

seatla
hand

letsele
breast

leoto
leg

letsogo
arm

ngwana

baby

monna

man

mosadi

woman

mosetsana

girl

mosimane

boy

tlhogo

head

mokwatla

back

mpa

belly

khubu

navel

monwana

toe

serethe

heel

lerapo

bone

letheka

hip

lengole

knee

sekgono

elbow

nko

nose

ko tlase

buttocks

letlalo

skin

lerama

cheek

tsebe

ear

pounama

lip

molomo

mouth

leino

tooth

loleme

tongue

boboko

brain

pelo

heart

maatla

muscle

lekgwafo

lung

sebete

liver

mala

stomach

diphio

kidneys

bong

sex

mosomelwana

condom

sebelegi sa ngwana

ovum

semen

semen

moimana

pregnancy

dinako tsa go tla ka kgwedi
tsa basadi
....
menstruation

serwe sa mosadi
....
vagina

serwe sa monna
....
penis

dintshi
....
eyebrow

moriri
....
hair

thamo
....
neck

mmele - body

sepetlele
hospital

ambulense
ambulance

setulo se se naleng maoto a a itsamaisang
wheelchair

go robega
fracture

ngaka

doctor

phaphosi ya tshoganyetso

emergency room

mooki

nurse

tshoganyetso

emergency

idibala

unconscious

setlhabi

pain

kgobalo

injury

go dutla madi

bleeding

tlhaselo ya pelo

heart attack

setorouko

stroke

bolwetsi

allergy

go gotlhola

cough

fulu

fever

fulu

flu

letshololo

diarrhea

opiwa ke tlhogo

headache

kankere

cancer

sukiri ya mmele

diabetes

moari

surgeon

sekalepele

scalpel

karo

operation

CT

CT

x-ray

x-ray

motšhini wa go leba mo mpeng

ultrasound

sesira sefatlhego

face mask

twatsi

disease

phaposi boletelo

waiting room

dithobane

crutch

polasetara

plaster

sefapho

bandage

lemao

injection

setetosekoupu

stethoscope

seteretšhara

stretcher

themometara ya bongaka

clinical thermometer

pelegi

birth

bokima jwa mmele

overweight

sedirisiwa sa go thusa go utlwa

hearing aid

sesireletsa dintho

disinfectant

tshwaetso

infection

mogare

virus

HIV / AIDS

HIV / AIDS

melemo

medicine

mokento

vaccination

thabolete

tablets

pilisi

pill

mogala wa tshoganyetso

emergency call

motšhini wa go ela tlhoko kgatelelo ya madi

blood pressure monitor

lwala / itekanetse

ill / healthy

Thusa!

Help!

tshotlako

assault

alamo

alarm

tlhasela

attack

kotsi

danger

kgoro ya tshoganyetso

emergency exit

Molelo!

Fire!

setima moleleo

fire extinguisher

kotsi

accident

khiti ya go thusa ka dikgobalo

first-aid kit

SOS

SOS

lepodisi

police

Yuropa

Europe

Bokone jwa Amerika

North America

Borwa jwa Amerika

South America

Aforika

Africa

Asia

Asia

Australia

Australia

Atlantic

Atlantic

Pacific

Pacific

Lewatle la India

Indian Ocean

Lewatle la Antarctic

Antarctic Ocean

Lewatle la Arctic

Arctic Ocean

Bokone

North pole

Borwa

South pole

Antartica

Antarctica

Lefatshe

earth

lefatshe

land

lewatle

sea

losi lwa lewatle

island

lotso

nation

boemo

state

lentle la tshupanako

clock face

letsogo la ura

hour hand

letsogo la metsotso

minute hand

letsogo la metsotswana

second hand

ke nako mang?

What time is it?

letsatsi

day

nako

time

go ne jaanong

now

tshupanako ya dijithale

digital watch

metsotso

minute

ura

hour

beke
week

Mosupologo
Monday

Laboraro
Wednesday

Labotlhano
Friday

Labobedi
Tuesday

Lamatlhatso
Saturday

Labone
Thursday

Latshipi
Sunday

maabane

yesterday

gompieno

today

kamoso

tomorrow

moso

morning

thapama

noon

maitseboa

evening

malatsi a tiro

workdays

mafelo a beke

weekend

pula
rain

motshe wa badimo
rainbow

phefo
wind

letlhwa
snow

dikgakologo
spring

letlhafula
fall

selemo
summer

mariga
winter

botsogo jwa loapi

weather forecast

themomithara

thermometer

letsatsi

sunshine

leru

cloud

mouwane

fog

humidity

humidity

legadima

lightning

modumo wa maru

thunder

matsubutsubu

storm

sefako

hail

monsoon

monsoon

morwalela

flood

aese

ice

Ferikgong

January

Tlhakole

February

Mopitlwe

March

Moranang

April

Motsheganong

May

Seetebosigo

June

Phukwi

July

Phatwe

August

Lwetse

September

Diphalane

October

Ngwanaatsele

November

Sedimonthole

December

dipopego
shapes

kgolokwe

circle

khutlonne

square

khutlonnetsepa

rectangle

khutlotharo

triangle

khutlo

sphere

khiubu

cube

tshweu

white

serolwana

yellow

mmala wa namune

orange

pinki

pink

khibidu

red

bohibidu jo bo mokgona

purple

pududu

blue

tala

green

tshetlha

brown

tshetlha

gray

ntsho

black

go le gontsi / go nnye

a lot / a little

go kwata / go ritibala

angry / calm

montle / maswe

beautiful / ugly

tshimologo / bofelo

beginning / end

tonna / nnyane

big / small

lesedi / lefifi

bright / dark

abuti / ausi

brother / sister

phepa / leswe

clean / dirty

feletse / go sa felela

complete / incomplete

motshegare / bosigo

day / night

o sule / o a tshela

dead / alive

bophara / tshesane

wide / narrow

ya jega / ga e jege

edible / inedible

bosula / molemo

evil / kind

go itumela thata / go se itumele

excited / bored

nonne / tshesane

fat / thin

ntlha / bofelo

first / last

tsala / sera

friend / enemy

tletse / lolea

full / empty

thata / bonolo

hard / soft

bokete / motlhofo

heavy / light

tlala / lenyora

hunger / thirst

lwala / itekanetse

ill / healthy

dumelesega / dumeletswe

illegal / legal

botlhale / sematla

intelligent / stupid

molema / moja

left / right

gaufi / kgakala

near / far

sesha / ya kgale

new / used

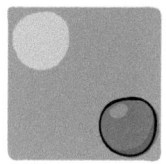

sepe / sengwe

nothing / something

mogolo / mosha

old / young

tsenya / tima

on / off

bula / tswetswe

open / closed

tidimalo / modumo

quiet / loud

khumo / lehuma

rich / poor

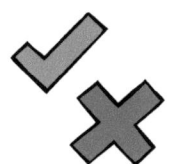

siame / phoso

right / wrong

ditlhotlhori / borethe

rough / smooth

hutsafetse / itumetse

sad / happy

khutshwane / telele

short / long

bonya / bonako

slow / fast

metsi / omile

wet / dry

mololo / tsididi

warm / cool

ntwa / kagiso

war / peace

0

lefela

zero

1

nngwe

one

2

pedi

two

3

tharo

three

4

nne

four

5

tlhano

five

6

thataro

six

7

supa

seven

8

robedi

eight

9

robonngwe

nine

10

lesome

ten

11

some nngwe

eleven

12

some pedi

twelve

13

some tharo

thirteen

14

some nne

fourteen

15

some tlhano

fifteen

16

some thataro

sixteen

17

some supa

seventeen

18

some robedi

eighteen

19

some robonngwe

nineteen

20

masomamabedi

twenty

100

lekgolo

hundred

1.000

sekete

thousand

1.000.000

milione

million

Sejatlhapi

English

Sejatlhapi sa Amerika

American English

se-China

Chinese Mandarin

se-Hindi

Hindi

se-Spanish

Spanish

se-For a

French

se-Araba

Arabic

se-Russia

Russian

se-Potokisi

Portuguese

se-Bengali

Bengali

se-Jeremane

German

se-Japane

Japanese

Nna

I

wena

you

ene / ene / sone

he / she / it

re

we

wena

you

bone

they

mang?

who?

eng?

what?

jang?

how?

kae?

where?

leng?

when?

HELLO, I AM

leina

name

mo morago

behind

mo

in

fa pele ga

in front of

godimo

over

mo

on

fa tlase

under

mo thoko

beside

magareng

between

lefelo

place